BEI GRIN MACHT SICH IHR WISSEN BEZAHLT

- Wir veröffentlichen Ihre Hausarbeit, Bachelor- und Masterarbeit

- Ihr eigenes eBook und Buch - weltweit in allen wichtigen Shops

- Verdienen Sie an jedem Verkauf

Jetzt bei www.GRIN.com hochladen und kostenlos publizieren

Bewegungserziehung in der Kita. Altersspezifische Umsetzungsmöglichkeiten

Bibliografische Information der Deutschen Nationalbibliothek:

Die Deutsche Nationalbibliothek verzeichnet diese Publikation in der Deutschen Nationalbibliografie; detaillierte bibliografische Daten sind im Internet über http://dnb.d-nb.de abrufbar.

ISBN: 9783346830043
Dieses Buch ist auch als E-Book erhältlich.

© GRIN Publishing GmbH
Nymphenburger Straße 86
80636 München

Alle Rechte vorbehalten

Druck und Bindung: Books on Demand GmbH, Norderstedt Germany
Gedruckt auf säurefreiem Papier aus verantwortungsvollen Quellen

Das vorliegende Werk wurde sorgfältig erarbeitet. Dennoch übernehmen Autoren und Verlag für die Richtigkeit von Angaben, Hinweisen, Links und Ratschlägen sowie eventuelle Druckfehler keine Haftung.

Das Buch bei GRIN: https://www.grin.com/document/1331640

Diploma Hochschule

Studiengang: Kindheitspädagogik

Modul: Bildungsbereich: Mathe, Natur und Umwelt

Seminar: Gesundheits- und Umwelterziehung

Semester: WiSe 2019/2020

Abgabe: 27.06.2020 (Bearbeitungszeitraum 8 Wochen)

Altersspezifische Bewegungserziehung in der Kita

Inhalt

1. Einleitung 1
2. Bewegung in der Kindheit 2
   2.1. Grundlagen zum Phänomen der Bewegung 2
   2.2. Bedeutung für den Körper und die kindliche Entwicklung 3
3. Bewegungserziehung in der Kita 6
   3.1. Definition 6
   3.2. Ziele und Inhalte 6
   3.3. Anforderungen an die Kita und die pädagogischen Fachkräfte ... 8
4. Umsetzungsmöglichkeiten der Bewegungserziehung in der Kita 9
   4.1. Räume und Orte der Bewegungserziehung 10
   4.2. Offene und geschlossene Bewegungsangebote 11
5. Altersunterschiede in der Bewegungserziehung 13
6. Resümee 16
7. Literaturverzeichnis 17

1. Einleitung

Gegenwärtig steigt die Zahl der übergewichtigen Kinder und Menschen und die körperliche Leitungsfähigkeit sinkt. Zudem gibt es vermehrt hyperaktive Kinder mit Aufmerksamkeitsdefizit oder Auffälligkeiten im Verhaltens- und kognitiven Bereich (vgl. Bittmann 2008: 195). Die veränderte Lebens- und Bewegungswelt hat starken Einfluss auf das Bewegungsverhalten und somit auf die Entwicklung der Kinder, welche in der frühen Kindheit am rasantesten ist. Demnach kommt der Krippen und dem Kindergarten eine große Bedeutung zu, um eine gute Grundlage für die zukünftige Entwicklung zu schaffen. Für die Bewegungserziehung bei Kindern im Alter von eins bis sechs Jahren bieten sich die Institutionen Krippe und Kindergarten besonders an, da die Kinder einen nennenswerten Teil des Tages dort verbringen. Demnach ist die Kita der primäre Lern- und Erfahrungsort für die Kinder und sie werden in einem entscheidenden Alter erreicht, um Persönlichkeit formende Haltungen, Einstellungen zu ihrem Körper und Gewohnheiten positiv zu beeinflussen. Die Gesundheits- und Entwicklungsbedeutung von Bewegung im Alter von null bis sechs ist enorm. Deshalb sollte Bewegung von Anfang an einen festen Platz im Alltag der Kinder haben. Sie sollte zugelassen und nicht verhindert werden, um Gewohnheiten positiv zu prägen. Der Erfolg gesundheitsfördernder Interventionsstrategien ist in Kita und Schule als größte pädagogische Einrichtungen am höchsten und deshalb wichtig (vgl. Bittmann 2008: 181f).

In dieser Hausarbeit wird daher die altersspezifische Bewegungserziehung in der Kita behandelt. Im Folgenden werden zunächst der Begriff der Bewegung in der Kindheit und ihre Bedeutung näher betrachtet. Anschließend wird der Begriff der Bewegungserziehung kurz benannt und dann werden die Inhalte und Ziele der Bewegungserziehung sowie die Anforderungen an die Kita und die pädagogischen Fachkräfte erläutert. Daraufhin werden Umsetzungsmöglichkeiten der Bewegungserziehung in der Kita betrachtet und Möglichkeiten hinsichtlich der Räume/Orte und offenen/geschlossenen Bewegungsangeboten aufgezeigt. Abschließend sollen Altersunterschiede in der Bewegungserziehung aufgezeigt werden. Ein Resümee rundet diese Hausarbeit ab.

Es wird von pädagogischen Fachkräften gesprochen, womit weibliche und männliche Fachkräfte gemeint sind. Ferner wird Kindertageseinrichtung mit Kita abgekürzt.

2. Bewegung in der Kindheit

Zunächst wird der Begriff der Bewegung im Allgemeinen und in der Kindheit näher betrachtet und anschließend die Bedeutung der Bewegung für die unterschiedlichsten Bereiche aufgezeigt.

2.1. Grundlagen zum Phänomen der Bewegung

„Bewegung ist ein Grundphänomen menschlichen Lebens [...]" (Zimmer 2014: 19). Sie steckt in vielen Bereichen und beeinflusst viele Dinge, derer wir uns nicht immer bewusst sind. Bereits im Mutterleib fängt die Bewegungsentwicklung eines Menschen an und endet erst mit dem Tod. Der Begriff der Bewegung umfasst sehr verschiedene Dinge, nicht nur die sportliche Betätigung oder die Fortbewegung. Auch Gefühle können eine innere Bewegung darstellen. Sogar ohne erkennbare Bewegung des Menschen, schlägt sein Herz, fließt sein Blut, atmen die Lungen. Der natürliche Bewegungsdrang der Menschen ist unterschiedlich je nach Lebensbedingungen, Situation und Alter (vgl. Zimmer 2014:19ff).

Für eine Bewegung ist ein Zusammenspiel verschiedener Strukturen des Körpers nötig. Zum aktiven Teil des Bewegungsapparats zählen die Muskeln, den passiven Part bilden die Knochen, Knorpel, Bänder und Sehnen. Der Mensch besitzt in etwa 200 Knochen, Knorpel und Bänder findet man an den Gelenken, die Sehnen unterstützen die Muskulatur bei der Verkürzung (vgl. Schauer 2016: 79).

Es wird zwischen verschiedenen Bewegungsgrundformen unterschieden. Zum einen die Bewegungen, die eine Orts- oder Lageveränderung des Körpers erreichen, wie beispielsweise Laufen, Krabbeln, Rollen. Zum anderen das Befördern von Geräten oder Dingen, wie zum Beispiel Werfen, Schieben, Heben. Darüber hinaus können sich Kinder an festen Geräten bewegen, wie beispielsweise Hängen, Balancieren, Schwingen oder sie können sich mit Hilfe von Geräten bewegen, wie Rädchen fahren (vgl. Zimmer 2014: 171).

Des Weiteren kann die Bewegung verschiedene Funktionen haben. Sie kann als Werkzeug dienen, um beispielsweise etwas zu erreichen oder aber sie unterstützt die Erfahrungssuche mit dem eigenen Körper oder anderen Gegenständen der Umwelt. Gleichzeitig ist die Bewegung Teil der Kommunikation, um Beziehung zu anderen Menschen aufzunehmen und ferner dient sie der Selbsterfahrung (vgl. Zimmer 2014: 19ff).

Der motorische Entwicklungsverlauf eines Menschen ist sehr individuell. Verschiedene Faktoren wie die „[…] genetischen Anlagen, der körperliche Zustand oder der Anreiz zu Bewegung durch Eltern und Bezugspersonen […]" (Schauer 2016: 78) beeinflussen den individuellen Verlauf. Jedoch gibt es gewisse Grenzsteine, an denen eine grobe Orientierung der motorischen Entwicklung festzumachen ist. Diese wurden unter anderem von Richard Michaelis erarbeitet. Im Krippenalter von einem bis drei Jahren sollten die Kinder beispielsweise das freie Sitzen mit geradem Rücken, das freie Gehen, den Pinzettengriff, das Aufheben von Gegenständen ohne Verlust des Gleichgewichts und das Auspacken kleinerer Gegenstände erlenen. Im Kindergartenalter sollten dann beispielsweise das beidbeinige Abhüpfen an kleinen Stufen, das sorgfältige Umblättern dünner Buchseiten, das sichere Dreiradfahren, die korrekte Stifthaltung mit drei Fingern, das sichere Fangen größerer Bälle, das Schneiden entlang einer geraden Linie, das Hüpfen auf einem Bein und Bastelarbeiten wie Falten dazukommen (vgl. Schauer 2016: 78).

2.2. Bedeutung für den Körper und die kindliche Entwicklung

Im Bildungs- und Erziehungsplan für Hessen sind die Begriffe Bewegung und Sport fest verankert. Es ist ein Bildungs- und Erziehungsziel Kindern die Freude an Bewegung nahe zu bringen und so die Körperbeherrschung, die Wahrnehmungsfähigkeit und die Entwicklung der Kinder zu fördern. Dabei sollen laut hessischem Bildungs- und Erziehungsplan fünf Bereiche beachtet werden. Die Motorik, das Selbstkonzept, die Motivation, die sozialen Beziehungen und die Kognition (vgl. Hessisches Ministerium für Soziales und Integration 2015 : 62f).

Bewegung hat einen nicht unbeachtlichen Einfluss auf die kindliche Entwicklung und wirkt sich auf verschiedene Bereiche aus. Dabei ist der Einfluss auf die motorische Entwicklung selbst der offensichtlichste Bereich. Hierunter fallen sowohl die Grobmotorik – größere Bewegungen wie zum Beispiel Springen – als auch die Feinmotorik – feinere Bewegungen wie unter anderem das Schreiben. Darüber hinaus besteht ein Einfluss auf die kognitive Entwicklung, also das Denken, Wahrnehmen und Lösen von Problemen. Dieser Zusammenhang wird deutlich, wenn man beachtet, dass die Entwicklung der Gehirnfunktionen und das Herstellen von Verknüpfungen im Gehirn auf Bewegung und das in Kontakt treten mit der Umwelt basieren. Des Weiteren wird die sprachliche Entwicklung beeinflusst. Sowohl die Aussprache als auch die

Atmung und die Gesichtsmuskulatur lassen sich durch Bewegung positiv beeinflussen. Letztendlich wird auch die sozial-emotionale Entwicklung durch Bewegung positiv beeinflusst, da durch die Bewegung der Kontakt mit anderen Menschen entsteht (vgl. Schauer 2016: 74f).

Die Bedeutung von Bewegung aus biologischer Sicht bezieht sich vor allem auf den Zusammenhang von Aktivität und Gesundheit des Körpers und der Seele. Ausreichend Bewegung bringt viele positive Aspekte, wie beispielsweise die Stärkung der Muskulatur und des Skeletts, die Anregung des Stoffwechsels, den Aufbau des Immunsystems und die Förderung des Wohlbefindens mit sich. Bei Bewegungsmangel hingegen zeigen sich negative Auswirkungen wie Haltungsschäden, Übergewicht, Diabetes, Infektionserkrankungen, Konzentrations- und Koordinationsstörungen sowie Unzufriedenheit (vgl. Schauer 2016: 75f). Unsere Vorfahren waren stets körperlich sehr aktiv und das Organsystem des Menschen ist auf Bewegung ausgelegt. Die dynamische körperliche Beanspruchung braucht der Mensch als Entwicklungsreiz. Somit ist der Mensch genetische auf Bewegung ausgerichtet. Die wissenschaftlich-technische Revolution führt gleichzeitig zu immer weniger Bewegung, weshalb die Integration von Bewegung in den Alltag immer wichtiger ist (vgl. Bittmann 2008: 196f).

Ein weiterer Aspekt ist die Reifung der Organsysteme, welche in der Kindheit stattfindet. Es wird auch von sensitiven Phasen gesprochen, dies „[…] sind Zeitfenster, innerhalb derer der Organismus besonders empfänglich für entwicklungsfördernde Reize ist" (Bittmann 2008: 197). Im Krippen- und Kindergartenalter steht besonders die Reifung des Knochensystems und des Bindegewebes, des Immunsystems und des Nervensystems im Vordergrund. Die Reifung des Knochensystems betrifft vor allem die Qualität der Knochen und eine ausreichende Knochenstabilität, welche für die lebenslange Gesundheit sehr wichtig sind. Das Immunsystem entwickelt sich in den ersten Monaten und in der frühen Kindheit durch den Kontakt mit Infektionskrankheiten weiter und wird abgehärtet. Und auch die Muskulatur und das Nervensystem bilden sich immer weiter aus (vgl. Bittmann 2008: 196f). Im ersten Lebensjahr sind am meisten Nervenzellen vorhanden, dies birgt sehr viel Potenzial für das Gehirn. Die Hirnreifung ist abhängig von der Bildung von Nervenfasern und der ständigen Auseinandersetzung mit der Umwelt. Die Qualität des Nervensystems beeinflusst die Ausbildung der Sinne, die kognitiven Leistungen, die Lerntechniken, die Koordination, die Psyche und das gesamte Verhalten (vgl. Bittmann 2008: 199). All diese Entwicklungsebenen sind vor allem in Krippe und Kindergarten untrennbar mit Bewegung verknüpft. Das hohe Bewegungsbedürfnis der Kinder sichert demnach das Fortschreiten der körperlichen und motorischen Entwicklung (vgl. Bittmann 2008: 200).

Die Bedeutung der Bewegung aus psychosozialer Sicht bezieht sich vor allem auf die Persönlichkeitsentwicklung, denn die motorische Entwicklung ist Voraussetzung für soziale, kognitive und sprachliche Entwicklungsschritte. Sowohl die Wahrnehmung als auch die Bewegung spielen eine entscheidende Rolle für die kognitive Entwicklung. Als Grundlage für abstrakte und symbolische Denkprozesse gilt die „[…] Wechselbeziehung von sensorischer Informationsaufnahme, kognitiver Informationsverarbeitung und motorischer Informationsabgabe mittels Bewegungshandlungen […]" (Bittmann 2008: 200), da dies den Aufbau von Nervenverbindungen unterstützt. Dies meint, dass die Kinder über Bewegung körperliche Erfahrungen machen, damit sie sich einen Begriff davon machen können und ihr Gehirn diese Informationen verarbeitet und umsetzen kann. Somit gelten Bewegungen als wichtige sinnliche Erfahrungen und das Denken beginnt mit dem äußerlichen Begreifen. Das Verstehen der Umwelt, das Erkennen von Eigenschaften und Gesetzmäßigkeiten sowie die Raumorientierung sind durch das Erproben und Experimentieren mit Materialien und Gegenständen möglich (vgl. Bittmann 2008: 200f).

Des Weiteren beeinflusst Bewegung die Entwicklung des Selbstbildes der Kinder. Sie machen Körper- und Bewegungserfahrungen und lernen sich selbst kennen. Dadurch können sie ein Selbstkonzept entwickeln, also ein Bild von sich selbst und daraus ein Selbstwertgefühl schöpfen, welches eine lebenslange Schutzfunktion übernimmt (vgl. Bittmann 2008: 202f). Die Kinder werden immer selbstständiger und spüren die Wirksamkeit ihres eigenen Handelns (Selbstwirksamkeitserfahrung), indem sie Handlungsergebnisse auf die eigene Person zurückführen. Ferner führt die Selbsttätigkeit zu einem besseren Selbstvertrauen und zu einer Ich-Stärke.

Da Kinder in den ersten Monaten noch nicht sprechen können, ist die erste Verständigung und die erste Möglichkeit des emotionalen Ausdrucks die körperliche Bewegung. Bewegung ist somit ein Mittel zur Verständigung und zur sozialen Kontaktaufnahme (vgl. Bittmann 2008: 201).

Darüber hinaus lassen sich mittels Bewegung die Grundregeln des Sozialverhaltens erproben, da die Kinder in Bewegungssituationen mit anderen Kindern in Kontakt treten und dann lernen müssen nachzugeben oder sich durchzusetzen, Konflikte zu lösen, zu teilen und Dinge auszuhandeln. Bewegung kann somit einen wesentlichen Teil zur Entwicklung der Sozialkompetenz der Kinder beitragen (vgl. Zimmer 2014: 39f).

3. Bewegungserziehung in der Kita

Nachdem die Bedeutung der Bewegung und ihre Auswirkungen auf die kindliche Entwicklung aufgezeigt wurden, wird nun kurz der Begriff der Bewegungserziehung betrachtet. Daraufhin werden Ziele und Inhalte der Bewegungserziehung sowie die Anforderungen an die Kita und die pädagogischen Fachkräfte erläutert.

3.1. Definition

Zimmer (2014: 154) definiert Bewegungserziehung als „[…] angeleitete, betreute, regelmäßige Bewegungszeiten […], die von pädagogischen Fachkräften zwar vorbereitet werden, aber auch offen für die Ideen und Interessen der Kinder sind." Der Aufbau dieser Zeiten ist strukturiert und die neuen Bewegungserfahrungen sollen nach Möglichkeit das Spiel- und Bewegungsrepertoire der Kinder ausbauen und so ihre Entwicklung in möglichst vielen verschiedenen Bereichen fördern (vgl. Zimmer 2014: 154). Es sollen Erfahrungen mit dem eigenen Körper, mit sich selbst und mit anderen Personen gemacht werden sowie eine Auseinandersetzung mit Raum und Objekten stattfinden, um über die Wahrnehmung und Bewegung ein Verständnis für all diese Dinge aufzubauen.

3.2. Ziele und Inhalte

Um verantwortlich handelnd das Leben bewältigen zu können, ist es erforderlich die Selbstkompetenz, die Sozialkompetenz und die Sachkompetenz der Kinder zu fördern und gleichzeitig zu stärken. Dies ist durch Bewegungserziehung möglich, indem sich die Kinder durch Bewegung mit sich selbst, mit anderen und mit ihrer Umwelt auseinandersetzen (vgl. Zimmer 2014: 164f). Aus diesen drei zu erlangenden Kompetenzen lassen sich die Ziele und Aufgaben der Bewegungserziehung ableiten.
Es ist sinnvoll den natürlichen Bewegungsdrang der Kinder durch Spiel- und Bewegungsangebote zufriedenzustellen, gleichzeitig bekommen sie so die Möglichkeit ihren Körper und ihre Person zu entdecken. Des Weiteren sollen die motorischen Fähigkeiten ausgebaut und ganzheitliche, körperlich-sinnliche Erfahrungen gemacht werden. Die Kinder setzen sich mit ihrer Umwelt auseinander und machen mit anderen Kindern gemeinsam Spielerfahrungen. Außerdem sollen die Bewegungsfreude, die

Neugierde und die Aktivitätsbereitschaft gefördert werden. Wichtig ist darüber hinaus das Vertrauen in die persönlichen motorischen Fähigkeiten und eine wirklichkeitsnahe Selbsteinschätzung der Kinder zu unterstützen (vgl. Zimmer 2015: 16).

Die Bewegungserziehung sollte demnach laut Zimmer (vgl. 2014: 165ff) folgende didaktische Prinzipien berücksichtigen: Kindgemäßheit, Offenheit, Freiwilligkeit, Erlebnisorientiertheit und Sinnhaftigkeit, Entscheidungsmöglichkeit und Selbsttätigkeit.

Die Interessen, Bedürfnisse und gleichzeitig die Fähigkeiten der Kinder dienen als Orientierung für Bewegungsangebote. Hierbei ist es wichtig eine Herausforderung und keine Überforderung zu schaffen. Eine Mischung aus Vertrautem und Unerwartetem schafft eine gute Grundlage um der Entdeckerfreude der Kinder gerecht zu werden. Ferner ist ein positives Klima wichtig, um auch Schwächen zulassen zu können (vgl. Zimmer 2014: 166).

Es ist von Bedeutung offen und flexibel in den Bewegungsangeboten zu agieren und eigene Ideen, Fantasien und Deutungen der Kinder zuzulassen. Auch im Krippenbereich können die Kinder in die Gestaltung und Benutzung der Materialien miteinbezogen werden (vgl. Zimmer 2014: S.166f).

Die Einbringung in Bewegungsangebote sollte stets auf Freiwilligkeit beruhen. Vor allem die jüngeren Kinder beobachten zunächst, bevor sie sich etwas zutrauen. Die pädagogischen Fachkräfte können ermutigen und Impulse geben, jedoch sollte kein Zwang herrschen (vgl. Zimmer 2014: 167).

Die Erlebniswelt der Kinder dient ebenfalls zur Orientierung, da besonders im Kindergartenalter Symbol- und Rollenspiele einen hohen Stellenwert haben und so in Bewegungsangebote fantasievoll eingebunden werden können (vgl. Zimmer 2014: 167f).

Das Anbieten von Wahlmöglichkeiten bedingt eigene Entscheidungen treffen zu müssen und fordert somit selbstbestimmt zu handeln. Der Entscheidungsspielraum sollte weder zu groß noch zu eng gehalten werden (vgl. Zimmer 2014: 168).

Die Entwicklung des „Ich" beinhaltet, dass die Kinder verstehen, dass sie selbst für ihr Handeln Verantwortung übernehmen und selbst die Initiative ergreifen sollen. Die pädagogischen Fachkräfte befähigen sie aus der Passivität heraus in die Selbsttätigkeit (vgl. Zimmer 2014: 168).

Die Grundtätigkeiten wie beispielsweise Gehen, Laufen, Springen sind Inhalte der Bewegungserziehung und Basis der Alltags- und Sportmotorik. Diese entwickeln sich in den ersten Lebensjahren und bilden sich immer weiter aus. Ferner sind koordinative Fähigkeiten, welche „[...] zur Steuerung und Anpassung einer Bewegung [...]" (Zimmer 2014: 170) dienen, von großer Bedeutung. Zu diesen Fähigkeiten zählen das Gleichgewicht, die Reaktion und die räumliche Orientierung. Diese gilt es in der Bewegungserziehung durch spielerische Aktivitäten gezielt zu verbessern und zu verfeinern (vgl. Zimmer 2014: 170).

Weitere wichtige Inhalte der Bewegungserziehung sind Selbsterfahrungen, Sinneserfahrungen, Sozialerfahrungen und Materialerfahrungen. Dazu gehört beispielsweise, dass die Kinder eine Vorstellung von ihrem eigenen Körper entwickeln, bestimmte Zustände ihres Körpers erleben und ihre Grenzen austesten können. Des Weiteren zählt dazu, dass die Kinder Vertrauen in ihre Leistungsfähigkeit erlangen und durch üben ihre Fähigkeiten verbessern. Ganzheitlich, mit allen Sinnen wahrzunehmen und zu begreifen ist ebenfalls wichtig. Darüber hinaus sollen die Kinder miteinander in Kontakt treten, sich ausdrücken und mitteilen sowie Rücksicht auf andere nehmen und sich gegenseitig unterstützen. Letztendlich werden auch Materialien erkundet und Eigenschaften sowie Geräte kennengelernt (vgl. Zimmer 2014: 169f).

3.3. Anforderungen an die Kita und die pädagogischen Fachkräfte

Die Bedeutung der Bewegung für die kindliche Entwicklung birgt gewisse Anforderungen an die Kita und die pädagogischen Fachkräfte. Es ist förderlich ein bewegungsfreundliches pädagogisches Leitbild zu haben und im Rahmen der Möglichkeiten gewisse Schwerpunkte zu setzen. Bei einem offenen Raum- und Arbeitskonzept ist die Realisierung eines bewegungsfreundlichen Leitbildes einfacher möglich. In jedem Fall ist im hessischen Bildungs- und Erziehungsplan der Bereich Bewegung und Sport verankert und kann auf unterschiedliche Weise umgesetzt werden (vgl. Bittmann 2008: 203).

Die personellen Voraussetzungen spielen ebenfalls eine wichtige Rolle, da die eigene Grundhaltung der pädagogischen Fachkräfte gegenüber Bewegung, Sport und dem Körper Einfluss auf den Erziehungseffekt haben. Nur wenn die pädagogischen Fachkräfte die Bewegungserziehung authentisch vorleben und umsetzen, hat es nachhaltig Auswirkungen auf die Kinder (vgl. Bittmann 2008: 203f). Organisationsformen der Bewegungserziehung können die feste Bewegungsstunde, tägliche Rituale, Projekte, Bewegungsangebote, Bewegungsbaustellen aber auch freies

Spielen sein. Bewegungsförderliche pädagogische Inhalte und Methoden, wie Bewegungsrituale, welche fester Bestandteil von Morgenkreis sowie Abschlusskreis sind oder vor beziehungsweise nach dem Mittagsschlaf durchgeführt werden, sollten die Bewegungsstunde oder Turnstunde ergänzen, um nicht nur einmal täglich oder sogar wöchentlich Bewegung in den Alltag zu integrieren. Die pädagogischen Fachkräfte geben den Kindern Raum und Zeit und lassen sie selbst erkunden, geben Impulse, Anregungen und motivieren wenn nötig, greifen jedoch nicht zu früh ein (vgl. Bittmann 2008: 204ff). Sie sind somit mehr „[…] Entwicklungsbegleiter, die ihnen als liebevolle Begleiter und Mitdenker zur Seite stehen und entwicklungsgemäße räumliche und materielle Bedingungen und Zuwendung schaffen." (Suhr 2012: 11).

Darüber hinaus spielt die materielle Ausstattung der Kita eine Rolle. Es sollten ausreichend Materialien und Geräte zur Bewegung und zum Spielen vorhanden sein, wobei den Kindern nicht alles gleichzeitig zur Verfügung gestellt, sondern gezielt ausgewählt und abwechslungsreich eingesetzt werden sollte. Zudem können Alltagsgegenstände die Geräte und Materialien ergänzen, um neue Anreize zu schaffen und die Fantasie anzuregen. Die Geräte und Materialien sollten möglichst einen festen Platz haben und frei zugänglich sein (vgl. Bittmann 2008: 206f).

Als letzten Punkt stellt die räumliche Ausstattung und das Raumkonzept eine große Anforderung dar. Der größte Raum ist nach Möglichkeit der Bewegungsraum/ Turnraum. Es ist wünschenswert, dass ausreichend Freifläche vorhanden ist und die Gruppenräume sollten ebenfalls bewegungsanregend sein durch beispielsweise verschiedene Ebenen, da die Kinder dort häufig die meiste Zeit des Tages verbringen (vgl. Bittmann 2008: 203ff).

All diese Anforderungen gilt es zu beachten und möglichst umzusetzen, um sowohl personell als auch räumlich und materiell eine gute Grundlage für eine gelingende Bewegungserziehung zu schaffen.

4. Umsetzungsmöglichkeiten der Bewegungserziehung in der Kita

Für die Umsetzung von Bewegungserziehung ist eine regelmäßige Einforderung von verschiedenen Bewegungsqualitäten von Bedeutung. Zu den unterschiedlichen Bewegungsqualitäten zählen Grobmotorik, Feinmotorik, Kraft, Schnelligkeit, Ausdauer, Koordination, Reaktion, Raumorientierung, Rhythmus, Gleichgewicht und auch Entspannung. Es ist wichtig die Kinder zu fordern, aber nicht zu überfordern und auch nicht zu langweilen (vgl. Schauer 2016: 80f). Dies gelingt vor allem gut, wenn eine genaue Beobachtung stattfindet und die pädagogischen Fachkräfte die Kinder bei ihrem aktuellen Entwicklungsstand und bei ihren Bedürfnissen abholen. Voraussetzung für eine gelingende Bewegungserziehung ist ebenfalls, dass die Kita in möglichst jeder Hinsicht zum Bewegen einlädt.

Bei der Umsetzung sind der Kreativität der pädagogischen Fachkräfte keine Grenzen gesetzt und es können sowohl eigene Ideen entwickelt werden, als auch vorhandene Bausteine und Bewegungsangebote genutzt oder verändert werden. Einige kleine Beispiele sind „Himmel und Hölle" zur Koordinationsförderung, Balancieren auf Brettern, Steinen oder einer Slackline zur Gleichgewichtsförderung, Fangspiele zur Förderung der Ausdauer, Gymnastikübungen oder das Nachahmen von Tieren zur Stärkung der Kraft, und Kinderyoga zur Entspannung und Selbstwahrnehmung (vgl. Schauer 2016: 82).

Im Folgenden soll auf Räume und Orte der Bewegungserziehung und offene sowie geschlossene Bewegungsangebote eingegangen werden.

4.1. Räume und Orte der Bewegungserziehung

Die Räume einer Kita sollten bewegungsfördernd gestaltet sein, jedoch werden nicht alle Kitas neu gebaut und das pädagogische Personal muss somit das Beste aus den aktuellen Gegebenheiten herausholen. Es ist sinnvoll, dass sowohl Räume für Bewegung als auch Räume zur Entspannung zur Verfügung stehen und es eine klare Abgrenzung zwischen diesen gibt. Eine ausreichende Größe für einen Bewegungsraum ist wichtig, um den Bewegungsreiz zu unterstützen und die Unfallgefahr zu minimieren. Darüber hinaus sind Raumstrukturen förderlich, da sie die verschiedenen Bewegungsqualitäten ansprechen durch zum Beispiel unterschiedliche Ebenen und die Kinder den Raum aus unterschiedlichen Perspektiven wahrnehmen lassen. Des Weiteren spielt die Auswahl des Materials eine Rolle, wobei sowohl Alltagsgegenstände umfunktioniert, als auch speziell entwickelte Materialien genutzt werden können. Geeignetes Spielmaterial zur Bewegungsförderung sollte vielseitig und robust sowie an den Entwicklungsstand der Kinder angepasst sein. Zur Standardausstattung gehören in der Regel ein Schwungtuch, Bänke, Sprossenwand, Leiter und Rutsche, Rollretter, Bälle und vieles mehr. Besonders abwechslungsreich einsetzbar sind Bewegungsbaustellen, diese haben gewisse Grundbausteine und können auf verschiedene Arten kreativ zusammengesetzt und umgebaut werden (vgl. Schauer 2016: 83ff).

In einer Kita findet man Gruppenräume, Flure, Foyers, Treppenhäuser, Bewegungsräume und das Außengelände. All diese Orte können zur Befriedigung des Bewegungsdranges der Kinder genutzt werden. Der Zugang zu den unterschiedlichen Räumen und die Nutzung können mit Regeln organisiert werden, die für die Kinder verständlich sind. Dennoch sind die Möglichkeiten der Kiträume beschränkt und können durch Spiel- und Bewegungsräume in der näheren Umgebung ergänzt werden (vgl. Erhorn 2016: 163ff). Dazu zählen beispielsweise Wege, Spielplätze, Sportplätze, Freiflächen und Parks. Diese Orte außerhalb der Kita bieten viele abwechslungsreiche Möglichkeiten der Bewegung und des Spiels. Eine selbstständige Erkundung der neuen Orte sollte den Kindern gewährt werden, somit kommt der pädagogischen Fachkraft hier eine eher zurückhaltende, unterstützende Rolle zu. Darüber hinaus können weitere Bewegungs-, Erfahrungs- und Erlebnispotenziale mit entfernteren Ausflügen geschaffen werden. Hierzu zählen zum Beispiel Ausflüge in Bäder, in den Zoo, zu Freizeitzentren oder in den Wald. Der Wald als Naturraum bietet Erlebnisse mit Pflanzen, Tieren, neuen Geräuschen und verschiedenen Bodenuntergründen (vgl. Erhorn 2016: 166ff).

Außerdem können Kontakte zu institutionalisierten Sporträumen bereichernd sein, da ausgebildete und darauf spezialisierte Übungsleiter*innen kindgerechte Bewegungsformen anbieten, wie beispielsweise Sportspiele, Tanzen, Turnen, Judo oder Leichtathletik (vgl. Erhorn 2016: 172f).

So zeigt sich, dass es viele Möglichkeiten der Erweiterung des Raumes/Ortes Kita gibt, wenn diese erschlossen und genutzt werden.

4.2. Offene und geschlossene Bewegungsangebote

Offene Bewegungsangebote setzen den Schwerpunkt auf die Selbsttätigkeit und Selbstständigkeit der Kinder (vgl. Erhorn 2016: 144). Um dies zu erreichen ist es wichtig, dass die Kinder selbst kreativ werden und eigene Ideen einbringen können. Die Materialien sollten also anregen und ermutigen sie zu nutzen, sich zu bewegen, zu bauen und Dinge (um)zudeuten. Bei der Einführung und Erklärung sind praktische Beispiele gerade für die jüngeren Kinder hilfreich, allerdings ohne zu viele Spielmöglichkeiten vorweg zu nehmen. Verhaltensregeln während des offenen Angebots sind wichtig und sollten vorher kindgerecht vermittelt werden. Die pädagogische Fachkraft nimmt eine passivere, beobachtende Rolle ein und greift nur mit Impulsen und Anregungen ein, wenn die Kinder nicht mehr weiter wissen oder keine Ideen mehr haben. Ermutigen und gutes Zureden sind unterstützend, Hilfen auf Probleme sollte nicht zu früh und nicht zu spät eingebracht werden und im Allgemeinen gilt Hilfe zur Selbsthilfe (vgl. Erhorn 2016: 144ff).

Ein Beispiel für ein offenes Bewegungsangebot ist die Bewegungslandschaft, bei der der Bewegungsraum oder Gruppenraum wie eine Landschaft mit verschiedenen Ebenen, Untergründen, Hindernissen gestaltet wird. Daran können die Kinder sich ausprobieren und die Grundbewegungsformen erproben. So zum Beispiel das Überspringen von Gräben (Matten), Hinauf- und Hinabklettern von Bergen und Hügeln (Kästen, Schaumstoffelementen), Stege zum Balancieren (Turnbänke, Slackline, Stuhlreihe), Abhänge zum Rutschen und erklimmen (Turnbänke an einer Sprossenwand), Tunnel zum durchkriechen (Tische, Reifen mit Tuch) und Schaukeln zum Entspannen (Mitte mit Reifen). Die Bewegungslandschaften können ganz verschieden gestaltet und an die Interessen, Bedürfnisse, Fähigkeiten und das Alter der Kinder angepasst werden. Auch für die Krippenkinder, welche noch nicht laufen, gibt es vielfältige Möglichkeiten der Gestaltung. Die Bewegungslandschaft wird von den pädagogischen Fachkräften geplant und vorbereitet, lässt aber viel Freiraum für die Nutzung. Die Kinder entscheiden selbst, was sie ausprobieren möchten und sie kann jederzeit verändert oder angepasst werden. Die Fantasie der Kinder kann genutzt werden um Materialien und Geräte umzubauen oder auch umzudeuten (vgl. Zimmer 2014: 176ff).

Bei geschlossenen Bewegungsangeboten werden den Kindern die auszuführenden Bewegungsaktivitäten vorgegeben, wie beispielsweise Bewegungsspiele mit festem Ablauf, Regeln und Vorgaben. Die Kinder bekommen das Spiel erklärt, probieren sich aus, üben mit Unterstützung und erhalten Feedback. Das Klima sollte auch hier stets positiv sein, um den Kindern auch Fehler und Schwächen einzugestehen. Durch die Vorgaben wird ihnen weniger Selbstständigkeit zugesprochen, allerdings wird durch das Angebot der Spielraum der Kinder für Selbsttätigkeit in der Folge erweitert. Die räumlichen und materiellen Bedingungen sollten ihnen im Alltag zur Verfügung stehen, damit sie diese in der Folge selbstständig nutzen und in ihre eigenen Spielideen einbauen können (vgl. Erhorn 2016: 147f).

Durch eine gute Mischung beider Bewegungsangebote können alle Kinder angesprochen und abgeholt werden und sowohl Freiheit im Spiel, Kreativität, Fantasie,

Eigeninitiative als auch feste Spiele mit Regeln und Schemata Struktur kennengelernt werden.

5. Altersunterschiede in der Bewegungserziehung

Im Verlauf der Arbeit wurden bereits erste Unterschiede in der Bewegungserziehung hinsichtlich des Alters angedeutet und werden nun genauer betrachtet.

Im ersten bis dritten Lebensjahr gewinnen Kinder mehr und mehr an Selbstständigkeit. In diesem Alter geht es hauptsächlich um die Verbesserung der gerade erworbenen Fähigkeiten, wie zum Beispiel das Laufen. Außerdem werden die unkoordinierten, ungeordneten Bewegungen immer mehr zu feineren Bewegungen und Bewegungsabläufen. Kleinkinder weisen meist ausladende Mitbewegungen, also Nutzung des ganzen Körpers für eine Bewegung auf (vgl. Zimmer 2014: 90). Gleichzeitig sind die Aufnahme und Wiedergabe von Rhythmus durch Körperbewegung im Krippenalter zwischen einem und zwei Jahren am intensivsten, weshalb sich Bewegung zu Musik in diesem Alter anbietet. Darüber hinaus sind die Anstrengungsbereitschaft und der Bewegungsdrang sehr ausgeprägt und sollten gefördert und nicht unterdrückt werden.

Es gibt verschiedene Ansichten hinsichtlich der Frage nach der expliziten Förderung der Bewegungsentwicklung bei Kleinkindern. Emmi Pikler beispielsweise spricht sich gegen eine Einmischung der Erwachsenen in die Bewegungsentwicklung der Kleinkinder aus. Sie lehnt das gezielte Üben beziehungsweise Lehren und Fördern zum Zweck möglichst früh Bewegungsfertigkeiten zu erlernen ab (vgl. Zimmer 2014: 142). Gleichzeitig sollen den Kleinkindern ausreichend Raum, anregende Spielgeräte und -material zur Verfügung stehen, um so eine selbstständige Bewegungsentwicklung aus eigener Initiative zu begünstigen. Laut Emmi Pikler werden alterstypische Bewegungen auch ohne explizite Förderung erworben. Die Freude der Kleinkinder an der aktiven Tätigkeit steht im Mittelpunkt (vgl. Zimmer 2014: 142).

Andere Meinungen besagen, dass „[...] eine Verknüpfung selbstbestimmter Bewegungserfahrung des Kindes mit angeleiteten »psychomotorischen Spielen«" (Zimmer 2014: 143) optimal sind. So findet eine differenzierte Förderung der Wahrnehmung und Bewegung statt. Die Eigenaktivität des Kindes wird somit von den Erwachsenen unterstützt (vgl. Zimmer 2014: 143).

Die Raumgestaltung in der Krippe ist für die Bewegungserziehung essentiell und sollte auf die verschiedenen Altersbereich ausgelegt sein. Wenn diese den Bedürfnissen der Kinder entgegenkommt und das Explorationsbedürfnis der Kinder begünstigt, können sich die pädagogischen Fachkräfte weitgehend zurücknehmen und so nicht in die natürliche Entwicklung eingreifen, sie aber trotzdem unterstützen.

Da sich Kleinkinder hauptsächlich auf dem Boden bewegen, eignen sich verschiedene Bodenbeläge zur Förderung der taktilen Wahrnehmung. Verschiedene Hindernisse ermöglichen das Erproben von Klettern, Kuschelecken laden zum Rollen, Springen oder Ausruhen ein. Im Außengelände bieten Klettermöglichkeiten, unterschiedliche Fahrgeräte, Sandkasten und Schaukel und sonstige Spielmaterialien viele Möglichkeiten der Bewegung. Darüber hinaus eigenen sich offene Bewegungsangebote besonders für die Krippe, da Spiele mit vielen, komplizierten Regel für die Kleinkinder noch nicht greifbar sind. Zur Bewegungserziehung in der Krippe zählen auch Fingerspiele, Bewegen zu Musik, Sing-Mitmachspiele, welche in die tägliche Arbeit, beispielsweise im Morgenkreis, fest integriert werden können (vgl. Zimmer 2014: 144).

Im vierten bis sechsten Lebensjahr werden die Bewegungsgrundformen rasch von grob zu fein ausdifferenziert und verbessert, gleichzeitig nimmt die Kombination von Bewegungen zu. Die Gleichgewichtsfähigkeit und feinmotorische Geschicklichkeit nehmen ebenfalls zu, weshalb das Balancieren und die Bewegungslandschaften herausfordernder gestaltet werden können. Zudem ist die Aufmerksamkeitsspanne für zum Beispiel längere und komplexere Spiele größer und weiter entfernte Bewegungsorte beziehungsweise längere, weitere Ausflüge möglich (vgl. Zimmer 2014: 91).

All das was in der Krippe zur Bewegungserziehung Anwendung findet, kann ebenfalls im Kindergarten genutzt werden. Die Bewegungserziehung bei Kindergartenkindern sollte ebenfalls die Raumgestaltung und das Außengelände mit seinen Geräten und Fahrzeugen beinhalten. Zu den offenen Bewegungsangeboten können geschlossene Angebote wie Spiele mit festen Regeln und Abläufen hinzukommen, da die Kindergartenkinder schon mehr in der Lage sind umfassendere Spiele zu verstehen. Darüber hinaus ist eine Zunahme der Komplexität entsprechend dem Alter sowohl in den offenen als auch in den geschlossenen Bewegungsangeboten möglich. Die Feinmotorik, Ausdauer und Konzentrationsfähigkeit der Kinder nimmt ebenfalls zu und kann immer stärker angesprochen werden.

Im Allgemeinen hat die Bewegungserziehung laut Zimmer (2014: 145) „[...] eine deutliche Wende von funktions- und fertigkeitsorientierten Ansätzen hin zu situations- und kindorientierten Konzepten vollzogen". Die Bedürfnisse und Interessen der Kinder stehen im Mittelpunkt und sollen von den pädagogischen Fachkräften wahrgenommen und aufgegriffen werden, um so möglichst nah orientiert am Kind und an der Situation zu arbeiten. Es sollte nach Möglichkeit keinen Förderwahn oder Entwicklungs- wettbewerb geben, sondern Chancen eröffnet werden, damit die Kinder jeden Alters mit Neugier und aus eigener Motivation die Welt begreifen (vgl. Suhr 2012: 7).

6. Resümee

Bewegung ist ein Grundbedürfnis der Kinder und sie erkunden durch Bewegung die Welt. Kinder sollten in ihrem Bewegungsdrang so wenig wie möglich ausgebremst, sondern vielmehr in ihrer Entwicklung und im Prozess der Auseinandersetzung mit ihrem Körper und der Umwelt unterstützt werden und das in jedem Alter. Bewegung ist ein wesentlicher Faktor in der kindlichen Entwicklung und greift in die verschiedensten Bereiche ein: motorische, kognitive und sprachliche Entwicklung, Gesundheit, Reifung des Körpers und seiner Systeme, Persönlichkeitsentwicklung, Sozialverhalten, Selbstbild, Selbstwirksamkeit und Selbstvertrauen. Dies zeigt die Bedeutung der Bewegungserziehung in Krippe und Kindergarten. Die Ziele und Inhalte sind vor allem die Förderung der Grundtätigkeiten durch ganzheitlich, sinnlich-körperliche Spiel- und Bewegungserfahrungen und eine Orientierung an den Kindern, um sie zu erreichen und abzuholen. Möglichkeiten der Selbsterfahrung, Sozialerfahrung, Materialerfahrung und Sinneserfahrung sind wichtig um die Kinder in ihren Kompetenzen und in ihrer Persönlichkeit zu stärken.

Bewegungserziehung birgt zudem Anforderungen an Kita und pädagogische Fachkräfte. Nur wenn diese die Wichtigkeit von Bewegung für die Entwicklung in allen Altersstufen sehen, beziehen sie diese ein und setzen sie entsprechend um. Wichtig ist auch, dass Alters- und Entwicklungsunterschiede von den pädagogischen Fachkräften erkannt und beachtet werden, um nicht zu über- oder unterfordern. Ab wann verstehen Kinder welche Regeln? Welches Angebot ist für welches Alter geeignet? Zudem heißt gleich alt, nicht gleicher Entwicklungsstand. Jedes Kind ist individuell, folglich gilt es zu beobachten und situationsangemessen Bewegungsangebote anzuleiten oder Bewegungssituationen zu schaffen. Bedeutungsvoll ist es den Kindern ausreichend Raum für die selbstständige Bewegungsentwicklung zu eröffnen und die Freude an der aktiven Tätigkeit zu vermitteln sowie das Explorationsbedürfnis zu begünstigen.

Abschließend lässt sich festhalten, dass der Bewegungserziehung keine Grenzen gesetzt sind und es unterschiedlichste Möglichkeiten der Umsetzung gibt. Essentiell ist die Anpassung an die Bedürfnisse, Interessen sowie Fähigkeiten beziehungsweise an den Entwicklungsstand und das Alter der Kinder. Um situationsangemessen mit Bewegungsimpulsen, Raumwechsel oder Angeboten reagieren zu können, ist es von Bedeutung, dass die pädagogische Fachkraft die Kinder und Situation nachhaltig beobachtet und entsprechend beurteilt.

7. Literaturverzeichnis

Bittmann, F.: Bewegungsförderung im Kindergarten. In: Bals, T.; Hanses, A.; Melzer, W. (Hrsg.) (2008): Gesundheitsförderung in pädagogischen Settings. Ein Überblick über Präventionsansätze in zielgruppenorientierten Lebenswelten. Weinheim: Juventa.

Erhorn, J.; Schwier, J.; Hampel, P. (2016): Bewegung und Gesundheit in der Kita: Analysen und Konzepte für die Praxis. Bielefeld: transcript.

Hessisches Ministerium für Soziales und Integration. Hessisches Kultusministerium (2015): Bildung von Anfang an. Bildungs- und Erziehungsplan für Kinder von 0 bis 10 Jahren in Hessen.

Schauer, T. (2016): Sozialpädagogik. Gesundheit und Ökologie. Berlin: Cornelsen.

Suhr, A. (2012): Kleine Knirpse – große Sprünge. Bewegungsspiele für Krippe, Kita und Kinderturnen. München: Don Bosco.

Zimmer, R. (2014): Handbuch Bewegungserziehung: Grundlagen für Ausbildung und pädagogische Praxis. Freiburg: Herder.

Zimmer, R. (2015): Sport und Spiel im Kindergarten. Aachen: Meyer&Meyer.

BEI GRIN MACHT SICH IHR WISSEN BEZAHLT

- Wir veröffentlichen Ihre Hausarbeit, Bachelor- und Masterarbeit

- Ihr eigenes eBook und Buch - weltweit in allen wichtigen Shops

- Verdienen Sie an jedem Verkauf

Jetzt bei www.GRIN.com hochladen und kostenlos publizieren